友達作りに悩んでいる
小学生の必読本！

最高《さいこう》の友達《ともだち》を作るための人間関係《にんげんかんけい》を学ぶ本

すわべ しんいち

悩《なや》まなくなる!

怒《おこ》っている友達の意見を受け入れられるようになる

友達が少ないという悩《なや》みから解放《かいほう》される

相手を傷《きず》つけずに、言いたいことが言えるようになる

友達との交流は時間のムダと思わなくなる

友達を怒《おこ》らせる地雷《じらい》を踏《ふ》まなくなる

この本を読むと

人間関係で

クラスのみんなと**馴染《なじ》む**ことが**できる**ようになる

内向的や**暗いキャラ**の人でも**友達を作れる**ようになる

友達から**振《ふ》り回される**ことが**なくなる**

人間関係の**ストレス**に**強くなる**

正しい友達の**選び方**が**身につく**

もくじ

もくじ

参考文献

Motivating Personal Growth by Seeking Discomfort
https://doi.org/10.1177/09567976211044685

【やる気】不快感を受け入れることがモチベーションアップにつながる
https://kruchoro.com/seeking-discomfort/

人生に疲れた人へ。ジム・ローンの名言「あなたが最も多くの時間を…」英語＆和訳（偉人の言葉）
https://news.yahoo.co.jp/expert/articles/329d4fa36ab7595a410a199c7ca267304e45fa18

腹式呼吸のやり方
https://www.med.or.jp/komichi/holiday/sports_02_pop.html#:~:text=背筋を伸ばして、鼻,吐くのがポイントです。

第1章

新しい仲間の輪に入るのが怖《こわ》いと思ってしまう人へ

皆《みな》さんは、『友達の作り方』を教わったことはありますか？

ほとんどの人は、誰《だれ》からも教わっていないと思います。ではどうして、誰《だれ》も友達の作り方を教えてくれないのでしょうか？

一番の理由は、『友達は自然にできるもの』と、勘違《かんちが》いをしているからです。


でも、ちょっと考えてみてください。新学年になりクラス替《が》えをして、積極的に友達作りをした人と、何もしなかった人とでは、一か月後にたくさんの友達ができているのはどちらでしょうか。皆《みな》さんにも想像《そうぞう》できますよね。

人間関係は自然にできるものではなく、『自分で作る』ものなのです。

こんなことを言うと、「本当の友達って、**気の合う人同士**が自然に

勉強仲間がほしくて
作った友達
自然に出会ってできた友達
気の合う人同士が集まると
似《に》た者同士になる

出会ってできていくものじゃないの？」と、反論《はんろん》する人がいます。

もちろん、**気の合う人同士**が自然に出会ってできる友達関係もありますが、これだと似《に》た者同士の人間関係しか作ることができません。勉強がきらいな人の周りには、勉強ぎらいの人しか集まらないのです。

もし勉強ぎらいの人が、一緒《いっしょ》に勉強をしてくれる友達が欲《ほ》しいのであれば、自分で行動して作るしかないのです。

このように、**目的に応《おう》じて、目的に合った相手を探《さが》すことが、正しい友達の作り方**なのです。

こんな話をすると、「友達を作るには、周りの人と仲良くするのが得意な、明るいキャラじゃないとダメだよね」とか「私《わたし》は性格《せいかく》が暗いから、自分から頑張《がんば》って友達作りなんてできないわ」という人がいます。

「生まれながらに人と接《せっ》することが上手な人じゃないと、友達は作れないと思う」と、最初からあきらめてしまっているのです。

しかし、私《わたし》は断言《だんげん》します。**友達作りは才能《さいのう》ではなく、ダンスやスケボーのようにテクニックが重要**なのです。得意、不得意はありますが、コツを知って練習すれば上達することができます。

「ウソだぁー」と、思いましたか？　いえ、本当です。友達を作るのが苦手な人にとっての最大の勘違《かんちが》いは、『考え方』なのです。**「友達なんか作っても意味ないし、面倒《めんどう》くさい」という考え方が、そもそも間違《まちが》っているの**です。

友達作りは才能《さいのう》？

キャラが明るくないと
友達はできないよね…
ボクは暗いからな…
友達作りもダンスと
同じで、練習すれば
上達するよ

残念なことに、友達作りはクラス替《が》えや塾《じゅく》などの習い事、中学や高校への進学など、この先も一生ついて回ります。生きていく以上、人間関係から逃《のが》れることはできないのです。

どうせ人間関係を作らないと生きてはいけないのであれば、良い人間関係を作った方が絶対《ぜったい》にいいと思いませんか？「人間関係は苦手だし、面倒《めんどう》くさい」なんて考えていると、結果的に「嫌《いや》な人間関係」しか作ることができず、損《そん》をしてしまいます。

この本を買ってくれた皆さんには、人生で損《そん》をしてほしくないのです。

この章では、「新しい仲間の輪に入って、友達を作るのが苦手」と思っている人たちの考え方を変えることで、少しでも恐怖心《きょうふしん》をなくしたいと思います。

誰《だれ》だって、友達が一人もいない塾《じゅく》に入ったら不安になりますよね。これはあなただけに限《かぎ》ったことではなく、他の人も同じように感じていることです。

なぜなら、性格《せいかく》も何もわからない人とゼロから友達関係をきずくことの大変さが想像《そうぞう》できるからです。では、どうしたらいいのでしょうか？

ここでは、新しい仲間の輪に入るときに使える5つのテクニックを紹介《しょうかい》します。

どれも簡単《かんたん》ですから、読むだけでなく、実際《じっさい》に使ってみてください。皆《みな》さんの不安な気持ちが減《へ》ることと思います。

1つ目は、『同じ学校で顔だけなら見たことがあるかも……という程度《ていど》の知り合いを探《さが》す』です。

たとえば、新しく通い始めた塾《じゅく》に、同じクラスの友達がいなくても、他のクラスの人が通っているかもしれません。

もしくは、幼稚園《ようちえん》とか保育園《ほいくえん》が一緒《いっしょ》だった人や小さい頃《ころ》に通っていたスイミングスクールが一緒《いっしょ》だった人、家の近所に住んでいる人など、とにかく知り合いレベルの人がいないか探《さが》してみましょう。

正直、**ゼロから友達を作ることは、とても大変**です。

勇気を出して話しかけたとしても、相手にとってもあなたは『知らない人』なので、警戒《けいかい》されてもおかしくありません。

しかし、顔見知り程度《ていど》でも弱いつながりがあれば、「僕《ぼく》は3組の〇〇だけど、たしか同じ学校だよね」とか「同じスイミングスクールに通ってなかった？」と、話の糸口がみつかるのです。

たとえ相手がこちらの顔を知らなくても、『同じ』という共通点が

弱いつながりを見つけて
声をかけてみる
目の前の人
同じ幼稚園《ようちえん》？
知り合いレベルの
人がいないか
探《さが》してみる

あるだけで親近感が沸《わ》くものです。

もし、相手も知ってくれているようなことがあれば、一気に2人の距離《きょり》は近くなるかもしれません。

そして、そこから良い友達関係に変わる可能性《かのうせい》だってあるのです。

このように、**弱いつながりを見つけて声をかけてみる**ことは、最初のきっかけとしてすごく重要になります。新しく塾《じゅく》や習い事をはじめるときには、意識《いしき》して弱いつながりを探《さが》しておくと、新しい環境《かんきょう》でも不安に感じることはなくなるでしょう。

一度も話したことのない相手でも構《かま》いません。「一緒《いっしょ》のクラスになったことはないけど、たしか隣《となり》のクラスにいたな」くらいでいいのです。もしかしたら相手も知り合いがいなくて、心細いと感じていたかもしれませんよね。

そんなときに話しかけてもらえたら、きっと嬉《うれ》しいはずです！

この方法は、ゼロから友達関係をきずくよりは、はるかに楽だと思いますので、ぜひ試してみてください。


2つ目は、「友達の知り合いを探《さが》す」です。

皆《みな》さんは、『新しく学習塾《がくしゅうじゅく》に通わないといけない』となったとき、身近な友達に相談しますか？　実はこの質問《しつもん》をすると、多くの人は「友達や親友に相談しない」と答えています。これは、とてももったいないことです。

なぜなら、せっかくの友達関係を最大限《さいだいげん》に活用できていないからです。友達が少ないと感じている人なら、友達を増《ふ》やす絶好《ぜっこう》のチャンスです。

何か新しいことをはじめる機会《きかい》があったら、「今度○○塾《じゅく》に行くことになったんだけど、知り合いとか通ってない？」と、友達に聞いてみてください。もしかしたら、「そこなら、隣《となり》のクラスの佐藤《さとう》が通ってるよ」と、教えてくれるかもしれません。

そうなったら、「佐藤《さとう》くんと話したことないから、紹介《しょうかい》してもらえる？」と、気軽に頼《たの》めばいいのです。

こう言うと、「人に頼《たの》みごとをするのって、苦手なんだよね……」という人がいます。

なんとなく日本人って、「友達だからって、他人に頼《たの》みごとなんてしない方がいいよね？」とか「迷惑《めいわく》かけちゃうんじゃないかな？」など、頼《たの》みごとをすることが苦手な人が多い気がします。

しかし実は、**頼《たの》みごとをするよりも、頼《たの》みごとを断《ことわ》る方が難《むずか》しい**のです。どういうことかというと、『断《ことわ》る行為《こうい》そのものが悪いことをしていると感じるため、頼《たの》まれると断《ことわ》りづらくなる』わけです。

つまり、断《ことわ》るのが難《むずか》しいのであれば、頼《たの》みごとはＯＫしてもらえる確率《かくりつ》が高いということになります。

それなのに、「断《ことわ》られたらどうしよう……」とか「迷惑《めいわく》かけちゃうかもしれないから……」などと、あれこれ考えてしまうから頼《たの》めなくなってしまうのです。すごくもったいない話ですよね。

頼《たの》みごとは『相手のことを信頼《しんらい》している』という意思表示《ひょうじ》にもな

るため、友達に「友達を紹介《しょうかい》してほしい」と頼《たの》むことで、いい人間関係が生まれることにもなります。まさに一石二鳥ですよね。

しかも、**仲の良い友達から紹介《しょうかい》してもらった友達なら、一瞬《いっしゅん》で友達関係になれる可能性《かのうせい》がある**のです。

基本的《きほんてき》に私《わたし》たち人間は、たくさんの人とつながっていたい生き物です。そのため、警戒《けいかい》しなくてもいいと判断《はんだん》した相手となら、積極的に友達関係になりたいと思うわけです。

この方法は、友達に聞くだけで済《す》むので、すぐにでも使えるテクニックになります。

そして3つ目は、「自己紹介《じこしょうかい》のときには、とにかく共通点を探《さが》せ！」です。

新しい仲間の輪に入ったら、自己紹介《じこしょうかい》をする機会が増《ふ》えるはずです。このときに使えるちょっとしたテクニックをお話しします。

自己紹介《じこしょうかい》では、基本的《きほんてき》に家族や自分のことを話す人が多いと思いますが、趣味《しゅみ》でも音楽でもYouTubeでも何でもいいので、とにかく相手と自分の共通点を探《さが》してみてください。

好きなサッカーチームが同じとか、見ているドラマが同じとか、お互《たが》いに一人っ子であるとか何でもいいので、とにかく相手との共通点を探《さが》すのです。

共通点は、あればあるほど話が盛《も》り上がり、より親密《しんみつ》な関係になるだけではなく、相手と交流を続ける理由にもなります。

これがとても重要で、弱いつながりが、強いつながりへと変化していくのです。

想像《そうぞう》したらわかると思いますが、「これ私《わたし》も好きだよ」とか「これも同じだね！」のように、「私《わたし》たちって似《に》てる」という感覚が増《ふ》えていくと、あっという間に友達関係に発展《はってん》していくというわけです。

共通点を探《さが》す

初対面の人と話す時は
とにかく共通点を探《さが》す
好きな
サッカーチームが
同じ…
共通点が増《ふ》えるほど
盛《も》り上がり友達に
ボクたち似《に》てる！

4つ目も自己紹介《じこしょうかい》のときに使えるテクニックで、『ハロー効果《こうか》を利用する』です。

ハロー効果《こうか》とは、人間にありがちな思い込《こ》みの一種《いっしゅ》です。たとえば、趣味《しゅみ》が読書で小説ばかり読んでいる人のことを、『勉強ができる人』と思い込《こ》んでいることってありませんか？ もちろん、実際《じっさい》に勉強ができる人なのかもしれませんが、そうではない場合もありますよね。

一部の目立つ特徴《とくちょう》だけで、勝手に相手の他の部分まで思い込《こ》みで判断《はんだん》してしまうのが、ハロー効果《こうか》になります。

サーフィンが上手な人がいたら、水泳も得意なはずだと決めつけてしまうみたいな感じです。

このように私《わたし》たちは、これまでの経験《けいけん》や生活習慣《しゅうかん》によって、正しくないことでも思い込《こ》みで判断《はんだん》してしまうことがあります。

これは、脳《のう》に余計《よけい》な負担《ふたん》をかけないための機能《きのう》なのですが、この思い込《こ》みによって、ハロー効果《こうか》のような間違《まちが》った判断《はんだん》をしてしまうのです。

勝手な思い込《こ》み

サーフィンが上手だと
なぜか水泳も得意だと決めつけてしまうが…
本当はかなづちで泳げない人もいる
この思い込《こ》みがハロー効果《こうか》

人とは違《ちが》った特技《とくぎ》や、自慢《じまん》できることがあると、それを元に「あの人は全てがすばらしい！」と、思われる可能性《かのうせい》があるというわけです。

これを利用すると、初対面の人に対して、好印象を与《あた》えることができます。

逆《ぎゃく》に、「初日に、ヨレヨレの服を着て行ったら、だらしない人だと思われてしまった」など、マイナス面でもハロー効果《こうか》が働いてしまうことがあるので注意してください。

そして最後の5つ目が、『不快《ふかい》な思いは追い求めろ！』です。

たとえば、皆《みな》さんが転校したと仮定《かてい》しましょう。この場合、登校初日の朝をどのような気持ちで迎《むか》えていると思いますか？

「今度の学校には、どんな人たちがいるかな？　楽しみだな」と思える人は少ないのではないでしょうか。ほとんどの人は、「全員知らない人ばかりだし、イヤだな……」というのが本音だと思います。

でも実は、このような気まずさや居心地《いごこち》の悪さといった**不快《ふかい》な思いを我慢《がまん》するのではなく、積極的に追い求めると、成長もするし、モチベーションがアップする**ことがわかっています。

これは、コーネル大学のケイトリン・ウーリー博士と、シカゴ大学のアイレット・フィッシュバッハ博士らによる、２１６３人の成人を対象とした研究の結果《けっか》わかったことです。

私《わたし》たちの心には、不快感《ふかいかん》やストレスという負荷を一時的に与えることで、「不快感《ふかいかん》は悪いものではない」と勝手に置き換《か》えが行われ、モチベーションをアップさせる習性《しゅうせい》があるのです。

筋《きん》トレで筋肉《きんにく》に負荷をかけると、より強く筋肉《きんにく》が成長するのと似《に》ているのかもしれません。

ですから、不快感《ふかいかん》やストレスを怖《こわ》がる必要はないのです。

新しい人間関係の中に飛び込《こ》んだときに感じるストレスは、『今から新しいことに挑戦《ちょうせん》し、自分が成長していることの証《あかし》なんだ』と考えて、受け入れるだけでいいのです。

逆《ぎゃく》にいうと、不快感《ふかいかん》がなく、平穏《へいおん》な日々を過《す》ごしている人たちは、成長できないということなのかもしれません。

以上の5つが、『新しい仲間の輪に入るのが怖《こわ》いと思ってしまう人』に役立つテクニックになります。

ぜひとも、活用してみてください。

皆《みな》さんが通う学校の良いところは、気が合う人以外の相手ともつながれることです。同じクラスというだけで、仲間意識《いしき》が生まれるため、より友達を作りやすい環境《かんきょう》にあるのです。

自分と似《に》たような人とだけ友達になるのではなく、5つのテクニックを使って、自分に足りない部分を持っている人との人間関係もきずいてみましょう。

そうして出会った友達が、結果的に一生の友達になることもあり得るのですから――。

第1章まとめ

この章で学びたいこと

- 人間関係は自然に出来るものではなく、「自分で作る」もの
- 目的に応《おう》じて、目的に合った相手を探《さが》すのが、正しい友達の作り方
- 友達作りは才能《さいのう》ではなく、テクニックが重要で、練習をすれば上達する
- ゼロから友達を作ることは、とても大変
- 頼《たの》みごとは、「相手のことを信頼《しんらい》している」という意思表示《ひょうじ》にもなるし、OKをしてもらえる可能性《かのうせい》が高い

人間関係で役立つテクニック

- 「友達なんか作っても意味ないし、面倒《めんどう》くさい」という考え方をやめる
- 新しい仲間の輪に入ったときに使える5つのテクニック
  - ・同じ学校で顔だけなら見たことがあるかも……という程度《ていど》の弱いつながりを探《さが》す
  - ・友達の知り合いを探《さが》す
  - ・自己紹介《じこしょうかい》のときに、相手との共通点を探《さが》す
  - ・ハロー効果《こうか》を利用する
  - ・不快《ふかい》な思いは我慢《がまん》しないで追い求める

第2章

友達が少なくて悩《なや》んでいる人へ

「友達が少ないのが悩《なや》み」という声を耳にすることがありますが、このような人は、友達と呼《よ》べる人が何人いれば安心するのでしょうか？

ちなみにフランスでは、小学生の子どもが学校から帰ってきて「今日も一人ぼっちだった」と親に話すと、「それはあなたが周りの人と違《ちが》うから当たり前のことよ。けっして悪いことではないわ」と、教えるそうです。

フランスでは、友達はたくさん作るものではなく、「一人だけいればいい」という考え方が一般的《いっぱんてき》なのです。

「友達１００人できるかな～♪」という歌がよく知られている日本からすると不思議に思うかもしれませんが、「たくさん友達を作ると、馴《な》れ合いが増《ふ》え、個性《こせい》のない人間になってしまう」というのが理由のようです。

このように日本では、一般的《いっぱんてき》に『友達は多い方がいい』と思われがちですが、実は人によって『友達』の意味が違《ちが》っている場合があります。

どういうことかというと、友達が少ないと思っている人は、単に友達とクラスメイト、知り合いを明確《めいかく》に分けている人で、友達が多いと思っている人は、クラスメイトでも知り合いでもなんでもかんでも友達として数えている人、という意味です。つまり、人が言う**『友達の数』なんて気にする必要はないのです。知り合いとかを友達として数えているか、いないかの違《ちが》いだけ**ですから……。

では、どちらの考え方が良いと思いますか?

私《わたし》は皆《みな》さんに、「友達」、「クラスメイト」、「知り合い」のように、人間関係を明確《めいかく》に分けることをおすすめします。

理由は後で詳《くわ》しく説明しますが、皆《みな》さんの中には、『友達との交流は時間のムダ』だと思っている人はいませんか？
確《たし》かに友達が多くなれば、それだけ友達と一緒《いっしょ》にいる時間や労力は増《ふ》えますよね。これは買い物にたとえてみると、わかりやすいかもしれません。

店に行って、店員さんにすすめられるままゲームソフトを買ってしまいました。でも、ほぼ毎日学校へ行き、宿題もしないといけないため、ゲームで遊ぶ時間はそれほどありません。
つまり、買ったものの箱から一度も出さずにほったらかしになっているゲームソフトが山積みされています。

なんとなく想像《そうぞう》できましたか？

人間関係もこれとよく似《に》ていて、相手を見極《みきわ》めて、「この人とは付き合おう」、「この人とは付き合わない」など、**必要な友達は自分で選び、その人との時間を大切にすることが重要**なのです。

自分の意思で選んだ人や物は、ほったらかしにはしません。

買うものを見極《みきわ》める

店員にすすめられるままゲームを買うと…
本当は違うゲームが欲しかったのに…
ほったらかしで、やらないゲームがたまっていくだけ

『友達との交流は時間のムダ』と思っている人は、誰《だれ》とでも同じように付き合うのではなく、付き合うべき人とだけ、自分の時間や労力をつぎ込《こ》めばいいのです。

人間関係にかける時間や労力が多すぎないか、あるいは少なすぎではないかを考え、次に付き合うべき人を選別し、自分の人間関係を改善《かいぜん》していくのです。

たとえば、中学受験があるので、いまはあまり人間関係に時間や労力をかけられないと思ったら、付き合うべき人の数を絞《しぼ》って少なくすればいいだけです。

友達は多ければ多いほどいいというわけではないのですから。

では、友達の選び方をお教えします。

まずは友達を、『親友』、『友人』、『後輩《こうはい》』、『先輩《せんぱい》』の４つに区別するところから始めてみましょう。

大切なのは、この４つのバランスであり、自分にとってどのタイプの人がどれだけ必要なのかを見極《みきわ》めることです。

『親友』は、自分を偽《いつわ》ったりせず、ありのままの自分でいられる友達のことで、損得《そんとく》なしに付き合える相手です。

逆《ぎゃく》に言うと、『親友』だと思っていた相手に、損得《そんとく》の関係があると感じたら、それは『親友』ではなく、『友人』になります。

たとえば、損得《そんとく》の関係なしにノートを貸《か》してあげられる相手が『親友』で、「自分ばかりがノートを貸《か》して、何一つお返しをしてもらってない」と、感じてしまう相手は『友人』になるわけです。

『親友』が何人かいると、人生は楽しくなります。逆《ぎゃく》に、『親友』がほとんどいないという人は、損得《そんとく》なしに付き合える相手を選んでいく必要があります。

具体的には、趣味《しゅみ》や遊びなどの時間を一緒《いっしょ》に楽しく過《す》ごせる相手が『親友』で、学校や塾《じゅく》などの必要性《ひつようせい》から付き合っている相手が『友人』になります。

『友人』は、損得《そんとく》を考えてしまう表面的な関係のため、自分をさらけ出すことができない相手になります。そのため、『友人』だけが増**えてしまうと人間関係に時間や労力を奪《うば》われ、疲《つか》れてしまう**のです。

だからこそ『親友』と『友人』は正しく区別して付き合う必要があるのですが、「友達は多い方がいい」という幻想《げんそう》を信じている人が多い日本人は、意外とできていない人が多いのも事実です。

友達を、損得《そんとく》関係がある、ない、で分けたことのある人は少ないと思いますが、**『親友』と『友人』を混同《こんどう》してしまうと、ムダな人間関係に時間と労力を使い過《す》ぎたり、本来なら不要の人間関係にストレスを感じてしまう**のです。

たとえば、『親友』と思っている相手の誕生日《たんじょうび》にプレゼントをあげたのに、自分の誕生日《たんじょうび》のときにはプレゼントをもらえなかったとします。そのことで、すごくモヤモヤしたのならば、その相手はおそらく『親友』ではなくて『友人』でしょう。

『友人』だと割《わ》り切ってしまえば、秘密《ひみつ》も打ち明けないし、プレゼントももらったときだけ返せばいいと思えるのです。

表面的な関係を続ければいいだけなので、相手にかける時間と労力も少なくて済《す》みます。

続いて『後輩《こうはい》』ですが、こちらは自分が面倒《めんどう》をみている相手になります。

家が近所で一緒《いっしょ》に遊ぶことは多いが、学年は下なのでいつも面倒《めんどう》をみている相手や、少年野球チームの後輩《こうはい》などがこれに当たります。自分の知識《ちしき》や技術《ぎじゅつ》を与《あた》えることはあっても、見返りを期待しない相手です。

最後が『先輩《せんぱい》』です。皆《みな》さんにいろいろなことを教えてくれたり、アドバイスをくれたり、指導《しどう》してくれる相手になります。『後輩《こうはい》』とは逆《ぎゃく》で、知識《ちしき》や技術《ぎじゅつ》を与《あた》えてもらう相手になります。

『親友』や『友人』と同様、『後輩《こうはい》』や『先輩《せんぱい》』との人間関係も、人生を生きていくうえでとても重要です。

『後輩《こうはい》』と『先輩《せんぱい》』と『友人』を区別する

しかも大人になればなるほど、『後輩《こうはい》』や『先輩《せんぱい》』との人間関係で悩《なや》んだり、ストレスを感じたりすることが多くなります。

そのため子どもの頃《ころ》から、『後《こう》輩《はい》』と『先輩《せんぱい》』と『友人』を区別する必要があります。

損得《そんとく》の関係なしに与《あた》えることができる相手が『後輩《こうはい》』ですから、たとえ与《あた》えたことに対して見返りがなかったとしても、モヤモヤすることはありません。

しかも**人間は、他人に何かを与《あた》えたり、助けたりすることによって、自分の幸福度が上がる**ことがわかっています。

このように、人間関係においては、相手が『親友』、『友人』、『後《こう》輩《はい》』、『先輩《せんぱい》』の４つのどのタイプなのか、どのタイプが多いのか、少ないのかということを正しく把握《はあく》しておけば、人間関係にムダな時間を使うこともなくなるでしょう。

当たり前ですが、**人間関係をきずいていくには、一緒《いっしょ》に遊んだり、定期的に連絡《れんらく》を取り合ったりするなど、それなりの努力が必要**です。

それなら、友達は『親友』だけいればいいと思う人もいるかもしれませんが、いまはそんなに仲良くない相手だとしても、『友人』として軽くつながっておくと、いつか思わぬところで自分を支《ささ》えてくれる存在《そんざい》になってくれるのです。

この先、中学、高校と進学するたびに環境《かんきょう》が変わり、成長の過程《かてい》で興味《きょうみ》の対象《たいしょう》もどんどん変化していきます。

いまの自分にとって必要な人間関係しかなかったら、新しい環境《かんきょう》に変わった時に、ゼロから人間関係を作ることになり、かなりストレスを抱《かか》えてしまうでしょう。

しかし幅広《はばひろ》く人間関係を作っておけば、自分の状況《じょうきょう》や趣味《しゅみ》が変わったところで、「これまではこの人たちと付き合っていたけど、いまはこれに興味《きょうみ》があるから、こっちの人たちと付き合ってみよう！」と、ゼロからではなく、すでにつながっている『友人』の枠《わく》の中から、今の環境《かんきょう》により近い相手へと変化させることができるのです。

このため、**長期的なことを考えたら、弱いつながりの相手ともつながっていた方が良い**というわけです。

そうは言っても、「弱いつながりの人に時間を使う意味はあるのか」と、思うことがあるかもしれません。

そんなときは、いまの自分に必要な相手に優先《ゆうせん》して時間を使い、残った時間や労力の範囲内《はんいない》で、気楽に人間関係を広げていけばいいのです。

弱いつながりも大事だからと、何人もの人とせっせと人間関係を作るのはそれこそ面倒《めんどう》ですし、大切な『親友』との時間が少なくなってしまっては意味がありません。

では最後に、友達が少ない人に多く見られる誤解《ごかい》を紹介《しょうかい》したいと思います。

それは、『友達関係で一番重要なのは強いつながりである』という考えです。

強いつながりを優先《ゆうせん》しながらも、弱いつながりも大切にする

親友など強いつながりの関係だけが最強だと思っていると、それ以外のつながりを軽く見てしまい大切にしなくなります。

友達の数が少ない人ほど、長く一緒《いっしょ》にいる友達や信頼《しんらい》関係のある友達との時間だけを大切にするあまり、弱いつながりの友達を軽く考える傾向《けいこう》にあるからです。

ちなみに弱いつながりとは、「一緒《いっしょ》のクラスになったことはあるけど、ほとんど話したことのない相手」や「たまたま一度だけ遊

んだことのある相手」、「違《ちが》うクラスになってからは、たまにしか会わない相手」になります。

しかし、この弱いつながりの相手が、第一章で説明したように新しい仲間の輪にいたりする場合もあるのです。しかも、人は成長し、**いまとは違《ちが》う新しいことを始めたときに、弱いつながりだった人が突然《とつぜん》強いつながりに変わる**ことだってあります。

「私《わたし》には、心の支《ささ》えになってくれる強いつながりがあるから、弱いつながりの友達はいらない」というのではなく、両方をバランスよく大切にしておけば、何か変化が起きたときに助けてくれるというわけです。

残念ながら、**新しい出会いや弱いつながりの人たちとの交流がな**

いと、いまとは違《ちが》う世界を見ることもなければ学ぶこともできません。いつものメンバーだけで過《す》ごしていると、狭《せま》い人間関係の中で日々過《す》ごすことになり、まさに井《い》の中の蛙《かわず》状態《じょうたい》になってしまうのです。

変身《へんしん》する弱いつながり

新しい環境《かんきょう》で困《こま》っていると…
弱いつながりが
強いつながりに変わり
助けてくれる
大丈夫《だいじょうぶ》？
弱いつながりも大切に！

弱いつながりにも、強いつながりと同じだけの価値《かち》があるということを忘《わす》れずに大切にすることをおすすめします。「この人とは、もう二度と会わないから」なんて思っている相手が、後から自分を助けてくれたりするものです。

人生には不思議な巡《めぐ》り会わせがあるということを覚えておくといいでしょう。

そう考えはじめると、たまたま行事で一緒《いっしょ》になった相手の話を一生懸命《いっしょうけんめい》に聞くようになり、弱いつながりのネットワークが広がっていきます。話がすごく盛《も》り上がれば、一気に関係性《かんけいせい》が変わることだってあるのです。

友達の人数が少ないと悩《なや》んでいる人は、弱いつながりの人間関係を意識《いしき》してみると解決《かいけつ》できるのではないでしょうか？

人間の幸せ、人生の良し悪しは、誰《だれ》と付き合うかで決まります。『友達との交流は時間のムダ』でなく、『交流次第で人生が決まる』ということです。

この章の内容《ないよう》をよく読んで、付き合うべき相手を正しく見極《みきわ》め、選んでください。

明るい未来の扉《とびら》が開くはずです。

第2章 まとめ

この章で学びたいこと

- ☑『友達の数』の数え方は人それぞれなので、気にする必要はない
- ☑友達を『親友』『友人』『先輩《せんぱい》』『後輩《こうはい》』の4つに区分して選ぶ

人間関係で役立つテクニック

- ☑自分で友達を選び、その人との時間を大切にする
- ☑人間関係で『友人』だけが増《ふ》えると、時間や労力を奪《うば》われてしまうため選別《せんべつ》する
- ☑『親友』と『友人』を混同《こんどう》しないためにも損得《そんとく》関係を見極《みきわ》める
- ☑他人に何かを与《あた》えたり、助けたりすると幸福度が上がるため、損得《そんとく》関係のない『後輩《こうはい》』への見返りは求めない
- ☑友達関係は、強いつながりだけでなく、環境《かんきょう》や状況《じょうきょう》が変わったときに助けとなる弱いつながりも大切にする

第3章

人間関係に失敗し、学校がつまらないと感じている人へ

『類は友を呼《よ》ぶ』とか『友達を見ればその人が分かる』という言葉を聞いたことはありませんか？

意味は、「同じような考え方や趣味《しゅみ》を持った人は、自然に集まり仲間を作る」や「その人のことを知りたければ、その人の友達を見ればわかる」です。

また、アメリカの起業家であるジム・ローン氏は、「あなたが最も多くの時間を過《す》ごす5人の人間の平均《へいきん》があなたです」という名言を残しています。

これらを考えると、**学校がつまらなくて人生を変えたいのであれば、付き合う人を変える**という選択肢《せんたくし》が浮《う》かび上がってきます。

では、『付き合う人を変える』とは、具体的にどういうことでしょうか？　野球やバスケットボールのレギュラー選手のように、いつも決まった友達ではなく、ときには少しメンバーチェンジをして、遊び相手を変えるということでしょうか。それとも、いまいる友達をすべてゼロにして、一から新しい友達を作るということでしょうか。

実は、そんなに難《むずか》しく考える必要はありません。

第2章で説明した、『親友』、『友人』、『後輩《こうはい》』、『先輩《せんぱい》』の4つのバランスを、ガラリと変えてみるだけでいいのです。

この4つの人間関係のバランスを意図的に変えるだけで、人生は大きく変わるのです。

たとえば、自分は『後輩《こうはい》』とばかり遊んで『先輩《せんぱい》』とは遊ばないから、一方的《いっぽうてき》に与《あた》えるばかりで、周りの誰《だれ》からも与《あた》えてもらってないな……と感じていたら、付き合う『後輩《こうはい》』の数を少なくして、『先輩《せんぱい》』の数を増《ふ》やすだけで、人生は変わっていくのです。

では、皆《みな》さんの人間関係は、どのタイプが多くて、どのタイプが少ないのでしょうか?

それを調べるには、日々の生活における不満と満足に向き合うところから始める必要があります。

たとえば、「学校がメチャクチャつまらない」とか「オンラインゲームの友達と遊んでいるときが楽しい」とか「日曜日のサッカークラブが憂《ゆう》うつ」など、日々の生活で満足している部分と満足していない部分を、思いつく限《かぎ》り書き出すのです。

書き出したら、満足していない部分に注目してください。**皆《みな》さんの日々の生活における不満は、人間関係の不足が原因《げんいん》で起きている**からです。

たとえば、「学校がメチャクチャつまらない」と思ったら、どうしたら学校が面白くなるのかを考えるのではなく、４つの人間関係のどのタイプが足りないのかを考えるのです。

たぶん、損得《そんとく》関係なしに付き合える『親友』がいないから、学校に行くのがつまらないのだと思います。

足りない人間関係は？

このように、日々の生活における不満を4つの人間関係のバランスで考えて、どのタイプが足りていないのかを理解《りかい》し、増《ふ》やす努力をしてみてください。

ただ、いまの人間関係を維持《いじ》したまま新しい人間関係を作ることは、時間や労力に限界《げんかい》がありますよね。そこで今度は、足りている人間関係を見直すわけです。

やり方は簡単《かんたん》で、日々の生活における満足の部分に注目します。先ほどの例だと「オンラインゲームの友達と遊んでいるときが楽しい」ということですので、オンラインゲームで一緒《いっしょ》に遊んでいる、いわゆる表面的な損得《そんとく》関係にある『友人』については、足りているわけです。

しかし、オンラインゲームに時間を使い過《す》ぎるあまり、学校の友達とは放課後や休日を一緒《いっしょ》に過《す》ごせていないため、何でも話せる損得《そんとく》関係のない友達、いわゆる『親友』が足りていないというわけです。
まずは自分の日々の生活で満足している部分と向き合い、何が不要かを見つけることから始めてください。あとは、自分にとって多いタイプを減《へ》らし、少ないタイプを増《ふ》やす努力をすればいいだけです。

足りている人間関係は？

満足している部分を書き出してみる
オンラインゲームは楽しいと…
オンラインゲームの『友人』は多い

たとえば、一緒《いっしょ》にオンラインゲームをする『友人』を減《へ》らしたいのであれば、その人たちに使う時間を減《へ》らすとか、一週間に二日はオンラインゲームをやらないようにするなど、ルールを決めて関係を縮小《しゅくしょう》していきましょう。

このとき大事なのは、並行《へいこう》して自分に足りていない人間関係のタイプの開拓《かいたく》を行うことです。いままではオンラインゲームをやりたいがために学校の友達からの誘《さそ》いを断《ことわ》っていたのなら、今後は優先的《ゆうせんてき》に参加するようにするのです。

このように、**日々の生活の不満や満足と向き合うことで、人間関係のバランスを少しずつ変えていけばいいのです。**

ただそうは言っても、損得《そんとく》関係なしに付き合える『親友』を探《さが》すのは、なかなか難《むずか》しいと思います。

特に環境《かんきょう》が変わり、新しい人間関係の輪の中に入ったときは、誰《だれ》だって「自分のことを仲間として受け入れてくれるのか」と不安になります。

では、どうすれば少しでも早く仲間になれるのでしょうか？

実は、**『自尊心《じそんしん》』の高い人ほど、仲間になるのが早く、人間関係のストレスにも対応《たいおう》しやすい**ことがわかっています。

自尊心《じそんしん》とは、自分のことを受け入れられる力のことで、「自分は価値《かち》のある人間なんだ」と思える感覚のことです。この自尊心《じそんしん》が、社交性《しゃこうせい》や他者との良好な関係に、大きく影響《えいきょう》しているのです。

実際《じっさい》、ストレスの多い職場《しょくば》で高い能力《のうりょく》を発揮《はっき》できている人は、自尊心《じそんしん》の高い人が多く、しかも同僚《どうりょう》など周囲の人たちとの関係も良好でした。

逆《ぎゃく》に自尊心《じそんしん》が低いと、学校などで感じている人間関係のストレスに対処《たいしょ》できなくなるだけでなく、周りの期待に応《こた》えようとするあまり、頑張《がんば》り過《す》ぎて疲《つか》れてしまったり、「自分はダメな人間なんだ……」と考えて、チャンスを逃《のが》してしまったりするのです。

特に気をつけたいのは、「自分はダメな人間なんだ」と考えてしまうことです。これは、自分で自分のことを批判《ひはん》しているのと同じで、負のストレスが新しい人間関係の不安を増加《ぞうか》させることにつながります。

心配事があると、それだけで頭がいっぱいになり、他のことができなくなる感情《かんじょう》と似《に》ています。

では、どうしたらいいのでしょうか?

第一段階《だんかい》として、「ダメな人間なんだ」と考えてしまった自分のことを、許《ゆる》せるようになってください。まずは、自分の弱みを無条件《むじょうけん》に受け入れてしまうのです。

たとえば、テストの点数が悪くて「何でこんな問題も解《と》けないんだ！」と思っても、自分を責《せ》めるのではなく「自分にはまだまだ伸《の》びしろがあるんだな」と考えればいいのです。

意外に思うかもしれませんが、**自分を許《ゆる》せるようになると、人は強くもなるし、新しい人間関係の不安にも対応《たいおう》でき**るようになります。

それでは、具体的に自尊心《じそんしん》の高め方について紹介《しょうかい》していきます。

自尊心《じそんしん》が低い人の特徴《とくちょう》の一つに、『自分に厳《きび》しい』というのがあります。**自分を許《ゆる》せない人、自分を嫌《きら》いだと思っている人ほど自分に厳《きび》しい傾向《けいこう》があり、同様に他人に対しても厳《きび》しく当たる**ようになります。

いまの世の中、他人に厳《きび》しい態度《たいど》をとっていたら、人間関係で上手くいくはずはありません。そんな人は、自分を受け入れるところからスタートしてみましょう。

たとえば太っている人の場合、太っている自分を認識《にんしき》して受け入れなければ、ダイエットをしようなんて思わないですよね。

自分が太っていることを受け入れてはじめて、食事制限《せいげん》や運動などのダイエットをしようと思えるのです。

このように、人はありのままの自分を素直《すなお》に受け入れることで、次の行動ができるようになるというわけです。

自分を素直《すなお》に受け入れる

本当は太っていたとしても…
太ってないから大丈夫
何キロ?
太ったことを受け入れてはじめて
あれ!? 太った??
次の行動が生まれるのです
ダイエットしないと～～

では、具体的な方法について説明します。

ステップ1――人とのかかわりで辛《つら》かった体験を思い出し、紙に書き出す。

たとえば、「昼休みにドッチボールに誘《さそ》われたが、運動音痴《おんち》なのでミスをして嫌味《いやみ》を言われたくなくて断《ことわ》ったら、一人で昼休みを過《す》ごすことになり寂《さび》しかった」とか「寝《ね》ぐせに気づかず学校へ行ったら、友達にからかわれてすごく腹《はら》がたった。でも、そんな自分が情《なさ》けなかった」など、なんでもかまいません。

とにかく、人間関係でダメだと感じた自分の体験を書き出してみましょう。

ステップ2――書き出し終わったら、ダメだと感じた自分のこと

を責《せ》めるのではなく、優《やさ》しい言葉をかけてあげる。

たとえば、「運動音痴《おんち》だから、同じチームの人に迷惑《めいわく》をかけたくなかったんだよね。優《やさ》しいね」とか「そういうことって誰《だれ》にでもあるから、気にしなくていいよ」と、失敗した妹や弟をなぐさめるようなイメージで、そのときの自分をなぐさめてあげるのです。

自分のことを責《せ》めない

ステップ3 ―― そのとき自分をなぐさめた言葉をメモに書いて、持ち歩く。

自分のことをダメだと感じたり、自分を責《せ》めたりしそうになったときは、メモに書かれた優《やさ》しい言葉を見るようにしてください。

これだけで、自分を許《ゆる》せるようになります。

不思議かもしれませんが、たったこれだけでいいのです。

失敗した自分に対して優《やさ》しい言葉をかけることを習慣化《しゅうかんか》し、メモに書いて持ち歩き、人間関係で再《ふたた》び自分を責《せ》めそうになったら、それを見る。たったこれだけです。

自分の弱みやダメな部分を受け入れることで、自分を許《ゆる》せるようになると、行動すること自体が怖《こわ》くなくなります。

しかも、自然とやるべき行動ができるようになります。結果、そんな自分のことが好きになるのです。これにより自尊心《じそんしん》が高まり、ますます自分のことが好きになるという、プラスのループが生まれるわけです。

自分をなぐさめるメモ

自分のことをダメだと感じたときには…
持ち歩いているメモを見るようにする
メモには、自分をなぐさめる優《やさ》しい言葉がいっぱい!
大丈夫よ…

ここで、追加のテクニックも教えておきます。

『優《やさ》しい言葉のメモ』を見るとき、親指と中指で円を作るとか、耳たぶを触《さわ》るとか、普段《ふだん》の生活ではやらないちょっとしたしぐさをしながら見るようにしてください。

そのうちメモを見なくても、このしぐさをするだけで心が落ち着き、自分を許《ゆる》せるようになります。

これは、ベルを鳴らしてから犬にえさを与《あた》えていると、ベルの音を聴《き》いただけで、犬がよだれを出すようになるという「パブロフの犬」の原理と似《に》ているかもしれません。

友達と嫌《いや》なことがあって、自分はダメだと思ったときに、そっと親指と中指で円を作るだけなら、周囲の人に知られずにできますよね。自分なりのシンプルなしぐさを考えて、習慣化《しゅうかんか》してください。

いかがでしたか？　少しは自分のことを許《ゆる》せるようになりましたか？　それでは、さらに自尊心《じそんしん》を高めるためのテクニック第二弾《だいにだん》をお教えします。

自分を許《ゆる》せるしぐさ

落ち込《こ》んだときはメモ
このとき
しぐさも…
そのうち
メモなしで
しぐさ
だけで…
心が落ち着き
自分を許《ゆる》せる
ようになる
がんばれ
自分！

それは、一人でもいいので、とにかく『親友』や『恋人《こいびと》』を作ってみる、という内容《ないよう》になります。

自尊心《じそんしん》の低い人は内気でシャイな人が多いため、「からかわれるから、あまり人と関わりたくない」とか「恥《は》ずかしいから人前に出たくない」という感情《かんじょう》が強く、この気持ちが皆《みな》さんの自尊心《じそんしん》をより下げてしまうことになります。

逆《ぎゃく》に、**人間関係の中で役に立ち、他人から認《みと》めてもらえるようになれば、自尊心《じそんしん》は高まる**わけです。

もうおわかりですよね。『親友』か『恋人《こいびと》』が自分を認《みと》めてくれる人になるのです。人間関係から逃《に》げるのではなく、誰《だれ》か一人でもいいので他人から認《みと》めてもらうことで、少しずつ自分に自信をつけることが大切です。

自尊心《じそんしん》をプライドと同じ意味だと思っている人もいるかもしれませんが、少し違《ちが》います。

プライドは誰《だれ》かと比《くら》べて自分のほうが上だと思われたい気持ちで、自尊心《じそんしん》は、自分の弱さも強さも受け入れ、自分自身を大切にできる気持ちです。

つまり、**自尊心《じそんしん》を高めることで、人と比《くら》べて落ち込《こ》んだり、えらそうにしたりすることもなく、ありのままの自分を受け入れられるようになり、新しい人間関係への不安が減《へ》る**のです。

『親友』や『仲間』ができれば、学校に行くことが楽しくなりますよね。

皆《みな》さんが抱《かか》えている不満は、人間関係のバランスを見直すだけでほぼ解決《かいけつ》できます。ぜひ、試してみてください。

第3章 まとめ

この章で学びたいこと

- 学校がつまらなくて人生を変えたいのなら、付き合う人を変える
  → 『親友』『友人』『先輩《せんぱい》』『後輩《こうはい》』の4つの人間関係で、足りていない関係を増《ふ》やし、足りている関係を減《へ》らすことで、日々の生活を充実《じゅうじつ》させる
- 自尊心《じそんしん》の高い人ほど、周囲と仲間になるのが早くなり、人間関係のストレスにも対応《たいおう》しやすくなる

人間関係で役立つテクニック

- 日々の生活で満足していない部分をすべて紙に書き出す
  → 書き出した不満の内容から、4つの人間関係のうち足りていない関係を見つける
- 日々の生活で満足している部分をすべて紙に書き出す
  → 書き出した満足の内容から、4つの人間関係のうち足りている関係を見つける
- ダメな自分を責《せ》めるのではなく、許《ゆる》せる人になる
  - ありのままの自分を素直《すなお》に受け入れる
  - ダメだと感じた自分に優《やさ》しい言葉をかけ、その言葉をメモに書いて持ち歩く
  - 自分を責《せ》めそうになったら、シンプルなしぐさとともにメモを見直す

第4章

幸せになるための良い友達と悪い友達の見分け方

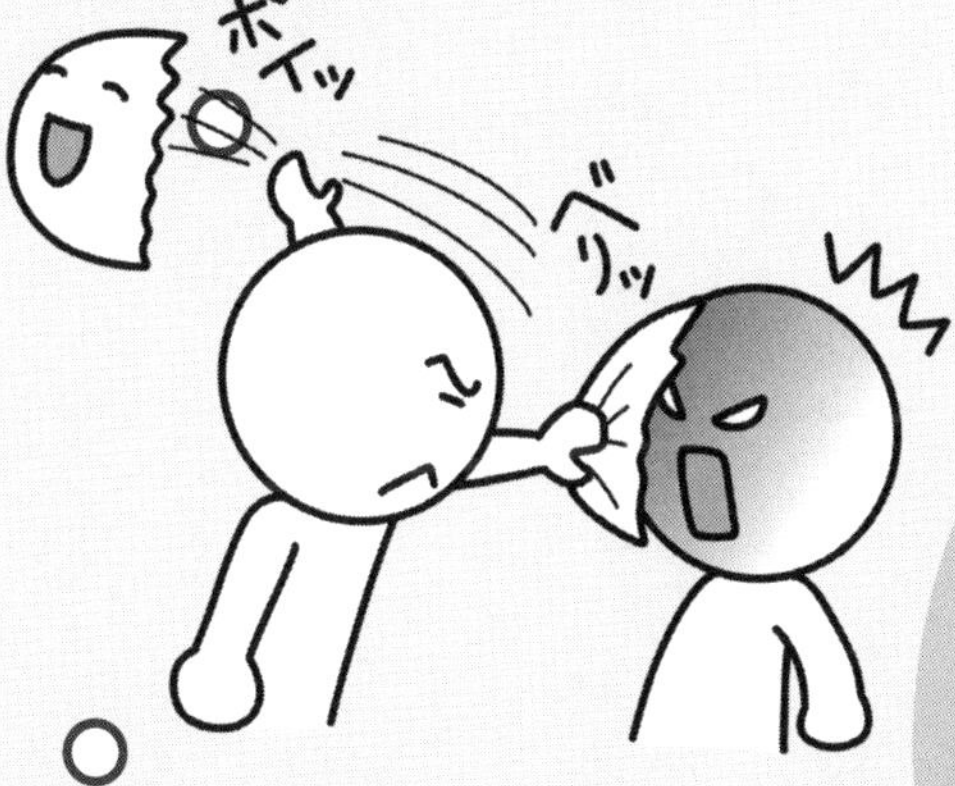

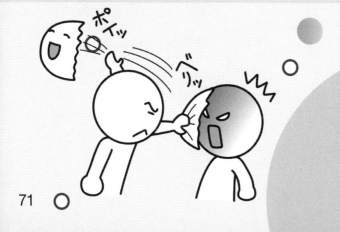

いつの間にか面倒《めんどう》な役割《やくわり》を押《お》し付けられていた……。相手のペースで話が進んでいた……。誰《だれ》かの失敗を自分がやったことにされていた……。

このように、仲間との集まりや学校などで、いつも損《そん》をしたり、振《ふ》り回されたりする人は少なくありません。

では、そんなやっかいな人間関係から抜《ぬ》け出すには、どうしたらいいのでしょうか？

実は、振《ふ》り回される人と振《ふ》り回されない人には、大きな違《ちが》いがあります。それは、自分自身で人間関係を選んでいるのか、選ばされているのかの違《ちが》いです。

自分で人間関係を選択《せんたく》できている人は、振《ふ》り回されるようなことはありません。皆《みな》さんも他人から都合よく振《ふ》り回されたくなかったら、人間関係を自分で選ぶ勇気を持ってください。

ただ、このようなことを書くと、「人間関係に振《ふ》り回されない人って、単に空気の読めない自分勝手な人だから、嫌《きら》われ者だよね」と、言う人もいます。

振《ふ》り回される人とは

他人から振《ふ》り回される人は…
次はこっちね…
人間関係を選ばされている人
人間関係を自分で選択《せんたく》できる人は…
他人から振《ふ》り回されることはない！
友達
友達

確《たし》かにそういう一面がある人もいるかもしれませんが、仲間に入れてくれるからと、嫌《きら》いな相手にいいように振《ふ》り回されていたら、心が壊《こわ》れてしまう可能性《かのうせい》だってあるのです。

自分を偽《いつわ》って無理して付き合うくらいなら、「この人と付き合うべきか、どうなのか」を、自分自身で選ぶ人間関係をおすすめします。

まさに『嫌《きら》われる勇気』です。

ではどうやって、付き合うべき友達と、付き合わない友達を選ぶのでしょうか？

実は人間関係にも、『片付《かたづ》けのテクニック』が応用《おうよう》できます。

皆《みな》さんは、片付《かたづ》けの本を読んだことはありますか？

たとえば、捨《す》てるべきか、とっておくべきか決められないときによく紹介《しょうかい》されているテクニックに、「1年間、全く使わなかったモノは捨《す》てる」など、**基準《きじゅん》を決めて選択《せんたく》する**というのがあります。

人間関係もこれと同じで、選ぶ基準《きじゅん》を作るのです。

要するに、「この人は、この基準《きじゅん》に当てはまっていないから付き合わない」、「この人は、基準《きじゅん》をクリアしているから付き合う」と、決めてしまえばいいのです。

片付《かたづ》けのテクニック

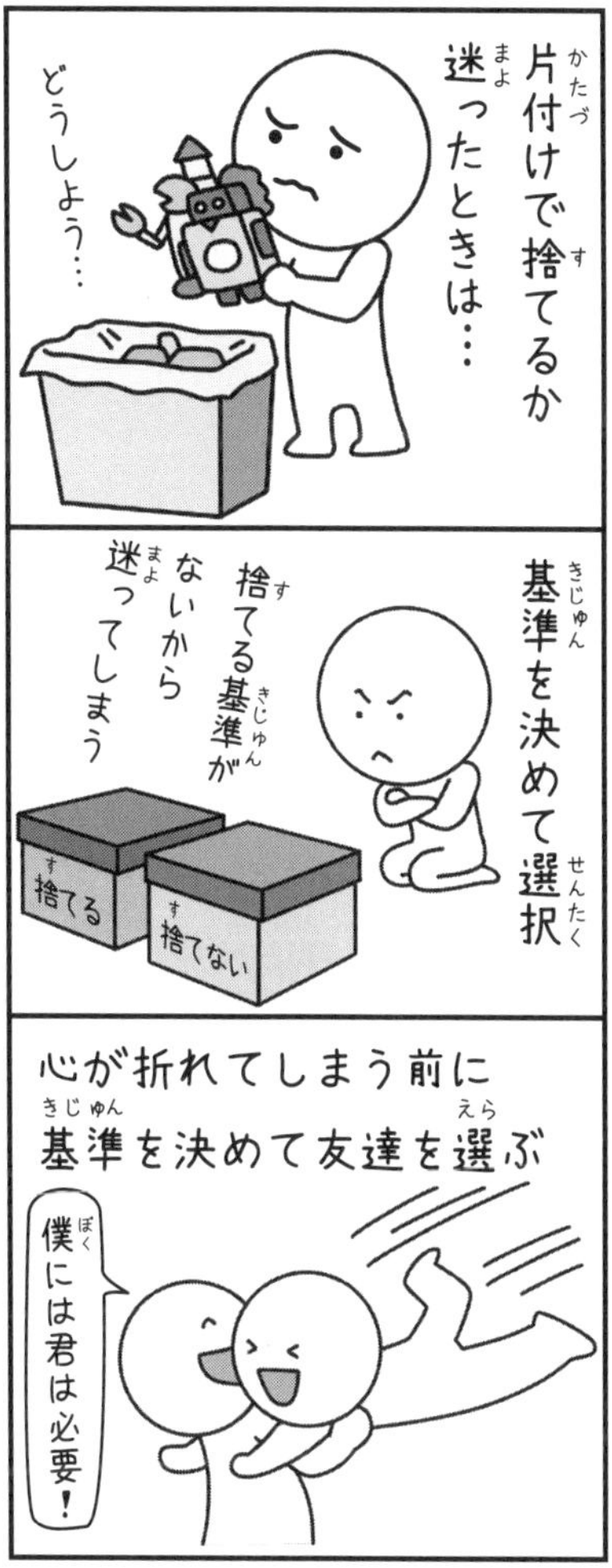
片付《かたづ》けで捨《す》てるか迷《まよ》ったときは…
どうしよう…
基準《きじゅん》を決めて選択《せんたく》
捨《す》てる基準《きじゅん》がないから迷《まよ》ってしまう
捨《す》てる
捨《す》てない
心が折れてしまう前に基準《きじゅん》を決めて友達を選《えら》ぶ
僕《ぼく》には君は必要!

面倒《めんどう》な人とムリして付き合って神経《しんけい》を使うくらいなら、自分が選んだ大事な人に目を向けた方が、楽しくて有意義《ゆういぎ》な時間を過《す》ごせそうですよね。

まさにその通りで、**面倒《めんどう》な人に時間を使うくらいなら、楽しいとわかっている人間関係に時間を費やした方が、幸福度もアップして安心感も得られる**ことが、いろいろな研究からわかっています。

これは、はじめてキャンプに行くときと同じです。

薪《まき》にテントにクーラーボックスなど、必要なモノがわかっていて、それらがちゃんと揃《そろ》っていれば安心できますよね。

このように持っていくモノだけに目を向けることが重要で、持っていかない不要なモノに目を向けるのはムダな時間ということです。

ただ、頭ではわかっていても、実際《じっさい》にやってみると簡単《かんたん》にいかないのが現実《げんじつ》です。

たとえば『嫌《きら》いな人とは付き合わない』という基準《きじゅん》を作った場合、『嫌《きら》いだけど付き合っている人』との付き合いは『やめる』という選択《せんたく》になります。

必要なモノだけ選ぶ
～はじめてのキャンプ～
持ち物はこれとこれ…
必要なモノはすべて揃《そろ》えた!
忘《わす》れ物はなし!
安心して楽しめる!

嫌《きら》いな人と付き合っても、時間と労力だけが費やされるだけで何のメリットもないので、これは正しい決断《けつだん》なのですが、たとえば『嫌《きら》いでもないし、好きでもない。一緒《いっしょ》にいても楽しくないけど、苦痛《くつう》というわけじゃない』という人だと難《むずか》しいですよね。

選ぶ基準《きじゅん》を作ったとしても、いろいろな人がいるわけですから、簡単《かんたん》にジャッジすることができないのです。

そこで登場するのが、片付《かたづ》けで使用する『一時保管《ほかん》の箱』です。捨《す》てるものと捨《す》てないものを区別するときに迷《まよ》ったモノを、一時的に保管《ほかん》しておく箱です。

これと同じように、悩《なや》んだ人については、お試し期間で距離《きょり》をとってみるのです。

しばらく会わなくても問題なかったら、お試し期間は終了《しゅうりょう》です。

お試し期間を終え
必要な友達だったら
連絡《れんらく》してみる

遊ぼうよ
久《ひさ》しぶりだけど元気だった？
人間関係では、しばらく会わなくても何の問題もない

必要でなければそのまま距離《きょり》をおければいいし、必要だと感じたら再《ふたた》び連絡《れんらく》をすればいいのです。

人間関係においては、しばらく連《れん》絡《らく》をとっていなかったとしても、何の問題もありません。それが証拠《しょうこ》に、友達から「久《ひさ》しぶり！」って連絡《れんらく》が来たら、嫌《いや》な気持ちはしないと思います。

「なかなか連絡《れんらく》できなくてごめんね」と伝えれば、「久《ひさ》しぶりに遊ぼうよ！」と、相手から誘《さそ》ってくるかもしれません。

ただ皆《みな》さんの中には、「友達を選ぶのって、人を区別しているようで嫌《いや》だ」と、思う人もいるかもしれません。

でも、本当にそうでしょうか？　**何となく流されるままに人間関係を作るよりも、選びながら人間関係を作った方が、長い目で見ても幸せになれますし、心も軽くなる**ので、思い切ってやってみる価値《かち》はあると思います。

自分で友達を選ぶことができない人は、「嫌《きら》いな友達が不要なのはわかるけど、相手が友達でいてくれる限《かぎ》りは残しておきたい」と、少ない友達にしがみついているだけなのかもしれません。

嫌《きら》いな相手でも、その人との関係が切れてしまったら、「自分には次がないんじゃないか」、「このまま友達が一人もいなくなってしまうかも」と、不安に思っている人たちです。

この人たちは、人間関係を選ぶ（片《かた》づける）ことで、もし今の状況《じょうきょう》が変わってしまったら、そこから立ち直れなくなるかもしれないと心配するあまり、現状《げんじょう》にしがみついてるだけなのです。

たとえ心が折れても、そのうち元に戻《もど》るのが普通《ふつう》ですが、中には**いつまでも引きずってしまう心の弱い人もいる**のです。

しがみつく人間関係

使いっ走りの友達関係
だとしても…
一人ぼっちになるくらいなら
一人はイヤだ！
いまの状況《じょうきょう》にしがみつく
捨《す》てないで！

では、どうすればいいのでしょうか？　このような人は、心の回復力《かいふくりょく》を鍛《きた》えてください。鍛《きた》えることで、打たれ強い人間になることができます。

それではここで、人間関係のトラブルや嫌《いや》なできごとに負けない、『心の回復力《かいふくりょく》の鍛《きた》え方』について、いくつか紹介《しょうかい》します。

１つ目は、過去《かこ》に起きた人間関係で嫌《いや》だったことや心が折れてしまったことを、できるだけ細かく思い出すという方法です。

そのときのことをより具体的に思い出すことは、心の回復力《かいふくりょく》を向上させるトレーニングになるのです。

心が折れたときの出来事から目を背《そむ》けるのではなく、たとえば相手から酷《ひど》いことを言われたのなら、どんな言葉を浴びせられたのか、相手の口調や表情《ひょうじょう》はどんな感じだったのかなど、可能《かのう》な限《かぎ》り細かく、そのときの状況《じょうきょう》を分析《ぶんせき》するような感覚で思い出してみましょう。

心の回復力《かいふくりょく》が低い人は、出来事の一部分だけを思い出し「あんなこと言わなければよかった」とか「あんなに意地をはらなければよかった」などと後悔《こうかい》するわけです。

回復力《かいふくりょく》トレーニング

過去《かこ》に心が折れてしまった
出来事を
人間関係
最悪《さいあく》だ……
細かい部分まで
すべてを思い出す
心の回復力《かいふくりょく》がアップする

しかし、終わったことを後悔《こうかい》しても、タイムマシンがない限《かぎ》りやり直せません。考えるだけムダなのです。

一部分だけではなく、嫌《いや》だった出来事すべてを細かく思い出すことによって、「ここは良かったけど、この対応《たいおう》はダメだったな」と、良い部分と悪かった部分を見つけ出すことができるのです。これにより、一気に心の回復力《かいふくりょく》が上がるというわけです。

つまり、**過去《かこ》に起きたトラブルとしっかり向き合い、細かいところまで思い出し、冷静に分析《ぶんせき》することで、未来に起こるかもしれない同じようなトラブルへの不安を軽減《けいげん》させる**テクニックになります。

これって、中学受験で志望校《しぼうこう》の過去問《かこもん》を勉強することと似《に》ているかもしれません。

間違《まちが》えてしまった問題から解決策《かいけつさく》や対応策《たいおうさく》を学ぶことで、次に似《に》たような問題が出たときに同じ失敗をする可能性《かのうせい》を減《へ》らすだけでなく、「もう大丈夫《だいじょうぶ》！」という自信が回復力《かいふくりょく》を高めるのです。

受験《じゅけん》の過去問対策《かこもんたいさく》

過去《かこ》に出た問題を勉強すると
こんな問題が出てたんだ…
一度、間違《まちが》えた問題や過去問《かこもん》で勉強した問題なら…
今度は二度と間違《まちが》えないという自信が回復力《かいふくりょく》になる
かかってこい！

そして2つ目は、ジョギングです。

実は、普段《ふだん》からジョギングをしている人の方が、目標のための困難《こんなん》を乗り越《こ》える力が高いことがわかっています。**ジョギングをすることでストレスに強くなり、回復力《かいふくりょく》も高まる**のです。

昔から脳《のう》と運動には深い関係があることが知られていますが、脳《のう》は呼吸《こきゅう》とも深くつながっています。

私《わたし》たち動物は、危険《きけん》を察知すると心臓《しんぞう》がドキドキして、呼吸《こきゅう》が早くなりますよね。これは脳《のう》と呼吸《こきゅう》がつながっているからで、**呼吸《こきゅう》によってメンタルをコントロールできる**のです。

そのため、**トラブルに巻《ま》き込《こ》まれて緊張《きんちょう》したり、乗り越《こ》えなくてはならない状況《じょうきょう》になったときには、意識《いしき》して腹式呼吸《ふくしきこきゅう》をしてみてください。これにより回復力《かいふくりょく》が高まります。**

腹式呼吸《ふくしきこきゅう》のやり方

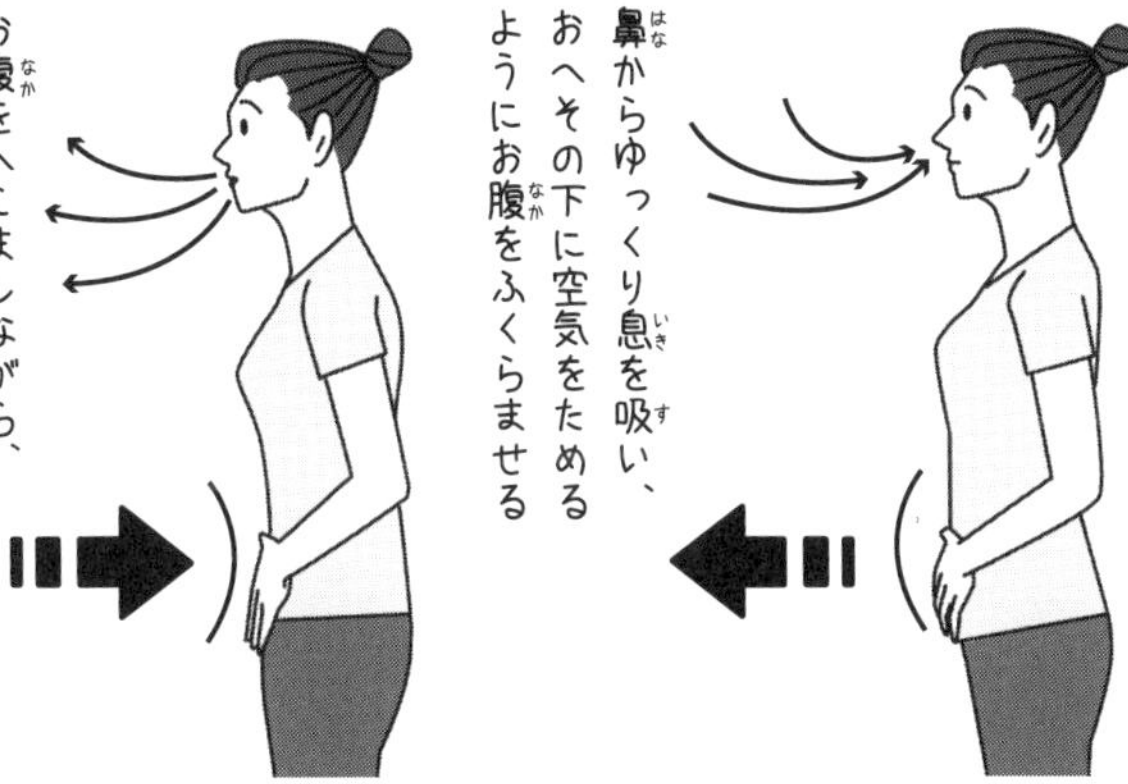

❶ 鼻《はな》からゆっくり息《いき》を吸《す》い、おへその下に空気をためるようにお腹《なか》をふくらませる

❷ お腹《なか》をへこましながら、吸《す》うときの倍《ばい》くらいの時間をかけて、口からゆっくり息《いき》を吐《は》き出す

やり方は簡単《かんたん》で、手をお腹《なか》に置いたら、お腹《なか》だけがふくらむように鼻《はな》からゆっくりと息《いき》を吸《す》い込《こ》みます。次に吐《は》くときは、吸《す》うときの倍くらいの時間をかけるつもりで、お腹《なか》をへこませながら口からゆっくりと息《いき》を吐《は》き出します。これが、腹式呼吸《ふくしきこきゅう》になります。

以上が心の回復力《かいふくりょく》アップのテクニックですが、この章のタイトルにもあるように、私《わたし》たちの幸福度を決めるのは人間関係です。

質《しつ》の高い友達を選び、その人のために時間をたくさん使うことが幸福度につながるのです。

だからこそ、友達は選ぶべきなのですが、ここで友達を作るのが苦手な内向的な人向けのテクニックを紹介します。

それは、『**誰《だれ》かと仲良くなろうと思ったら、その人と一緒《いっしょ》にいる時間を増《ふ》やす**』です。

人と話すことが苦手なら無理して話さなくてもいいので、一緒《いっしょ》にゲームをするなど共に過《す》ごす時間を増《ふ》やしてください。

要するに、**自分のことを内向的だと思う人は、一人一人に時間をかけて友達を選ぶようにすればいい**のです。

「もともと友達が少ないから、選べる立場じゃない」なんて思っていると、いつまでたっても『親友』なんて作れません。

友達が少ない人ほど、怖《こわ》がらずに友達を選び、その相手にだけ時間をたっぷりかけることができれば『親友』になれるはずです。

一人でも『親友』ができれば、そこから人間関係が広がることは、先に説明した通りです。

では最後に、友達が少ない人向けのスーパーテクニックをお教えします。

それはズバリ、**『超顔《ちょうかお》が広い人と友人になる』**です。

ここでいう『顔が広い人』とは、たくさんの知り合いや友達がいる人のことです。

人間関係作りにも得意、不得意があります。自分は不得意だと思うのなら、メチャクチャ友達が多くて、顔が広い人に任《まか》せてしまえばいいのです。

まずは、超顔《ちょうかお》が広い人と『友人』の関係になって、つながっておきましょう。

知り合いが一人もいない新しい環境《かんきょう》でも、超顔《ちょうかお》が広い友人がいれば紹介《しょうかい》してもらえるというわけです。

超顔《ちょうかお》が広い人は、知り合いや友達がたくさんいるだけでなく、いろいろなトラブルにも対応《たいおう》できる人になります。

大人の世界では、このような職業《しょくぎょう》の人のことを『フィクサー』と呼《よ》ぶのですが、具体的には人と人をつなげることで問題を解決《かいけつ》してしまう人を指します。

ちなみに超顔《ちょうかお》が広い人は、友達の誕生日《たんじょうび》会などで見つけることができます。顔がとても広いため、クラスのどの人の誕生日《たんじょうび》会にも出席しているからです。

超顔《ちょうかお》が広い人を見つけることができたら、「友達になりたい」と素直《すなお》に伝えてみましょう。相手は人間関係を作る達人なので、拒《こば》んだりしないはずです。

人として生きていく以上、学校や塾《じゅく》など、人間関係から逃《に》げることはできません。どうせ逃《に》げられないのであれば、超顔《ちょうかお》が広い人と仲良くなるという裏技《うらわざ》を使えばいいのです。

実際《じっさい》、社会的に成功している人は、何人かの超顔《ちょうかお》が広い人とつながっています。みなさんも、友達を選ぶときには、超顔《ちょうかお》が広い人を意識《いしき》することをおすすめします。

世の中は持ちつ持たれつです。ぜひ、試してみてください。

第4章 まとめ

この章で学びたいこと

- 自分で人間関係を選択《せんたく》できている人は、周囲の人から振《ふ》り回されることはない
- 面倒《めんどう》な人間関係に時間を使うのではなく、楽しい相手との人間関係に時間を使った方が幸福度はアップする
- 必要な人間関係であれば、しばらく連絡《れんらく》しなくても何の問題もない

人間関係で役立つテクニック

- 片付《かたづ》けのテクニックを応用《おうよう》して、付き合うべき友達と付き合わない友達を選ぶ
  - 基準《きじゅん》を決めて選択《せんたく》する
  - どうするか悩《なや》んだ相手は、お試し期間として一時的に距離《きょり》をおく
- いまの人間関係にしがみついて友達を選べない人は、心の回復力《かいふくりょく》を鍛《きた》えることで選べるようになる
  - 過去《かこ》の人間関係で嫌《いや》だったことを、出来るだけ細かく思い出す
  - ジョギングで忍耐強い体質になる
  - 腹式呼吸《ふくしきこきゅう》でメンタルをコントロールする
- 超顔《ちょうかお》が広い人と友達になる

第5章

クラスに馴染《なじ》めず、どうすればいいか悩《なや》んでいる人へ

この章は、新学期になるたびに、新しいクラスに馴染《なじ》めず悩《なや》んでいる人向けの内容《ないよう》になります。

そもそも『クラスに馴染《なじ》む』とは、どういうことでしょうか？　クラス内に友達を作ることでしょうか？　それとも、どこかの仲良しグループに加わることでしょうか？　もしくは、自分らしくいることをあきらめて、クラスのみんなに合わせることでしょうか？

このようなことを書くと、「クラスに馴染《なじ》むために、自分らしさを捨《す》ててまで周囲《しゅうい》に合わせる必要はない」と言う人もいるでしょう。

確《たし》かに素《す》の自分のまま行動しても、あっと言う間に何人も友達を作り、クラスに馴染《なじ》んでしまう人もいます。

ただ一方《いっぽう》で、自分らしく行動しただけなのに、「あいつは空気が読めない自分勝手なヤツだ」と、仲間外れにされる人がいるのも現実《げんじつ》です。実際《じっさい》、学校のルール内であっても、**自分の思うままに行動する生徒が多いクラスほど、クラスの雰囲気《ふんいき》が悪い**ことがわかっています。

口では、「自分らしく、自分の頭で考えて行動しなさい」といいながらも、そのような行動をすると、クラスに馴染《なじ》めず、どんどん浮《う》いた存在《そんざい》になるのです。

そこで、学校は自分と違《ちが》う人たちとの関わり方を学ぶための場だと割《わ》り切り、周りの人たちと歩調《ほちょう》を合わせて過《す》ごすという選択《せんたく》をする人もいます。

結果、個性はなくなってしまいますが、周囲に合わせるトレーニングを子どもの頃《ころ》からすることと同じになるので、大人になってから苦労したり、悩《なや》んだりしなくて済《す》むのかもしれません。

このように多くの人は、『個性《こせい》は大事』と頭ではわかっていても、自分で考えて自発的に行動しなくなり、みんなと歩調《ほちょう》を合わせるようになるのです。

自分らしく振舞《ふるま》って個性《こせい》を全面的に押《お》し出すと、クラスの雰囲気《ふんいき》が悪くなるのですから、当たり前と言えば当たり前ですよね。

ただこれには欠点があり、**個性《こせい》がなくなると、大人になってから成功しにくくなります**。しかも、後から説明しますが、自分を抑《おさ》えることで心が折れてしまうこともあるのです。

当然ですが、他人と違《ちが》う発想ができるから成功に近づくわけで、他人と同じことをしていたのでは、成功はやってこないのです。

ではどうして、周囲と違《ちが》うことをする人がいると、クラスの雰囲気《ふんいき》が悪くなるのでしょうか？

まわりと違《ちが》うことをする人がいると、周囲の人が疲《つか》れてしまう

簡単《かんたん》に言うと、周囲の人たちが疲《つか》れてしまうからです。

基本的《きほんてき》に人間には、周りの人がどんな行動をするのか、知っておきたい欲求《よっきゅう》があります。だから、人と違《ちが》った行動をすると、「普通《ふつう》はこうだから！」と、文句《もんく》を言う人が出てくるのです。

要するに、自分たちが常識《じょうしき》や普通《ふつう》と考える行動以外のことをされると、常《つね》にその人の行動を気にかけておく必要が生まれるため、疲《つか》れてイライラしてしまうのです。

では、どうすればいいのでしょうか？　それらを防《ふせ》ぐには、**全員で目標を共有することが大切**になります。

クラス対抗《たいこう》の合唱コンクールの場合、『優勝《ゆうしょう》』という目標を共有することで、誰《だれ》かが自発的で普通《ふつう》でない行動をとったとしても、『優勝《ゆうしょう》するための行動』として理解《りかい》されるのです。しかも、自発的な行動をして成功すれば、評価《ひょうか》もされるわけです。

人は自発的な行動が正しく評価《ひょうか》されると、自分はクラスに必要な人間なんだと考えるようになり、結果、他のメンバーとの信頼《しんらい》関係が生まれ、よりクラスに貢献《こうけん》したいと思うようになります。

ただ残念ながら、普段《ふだん》の学園生活では、クラス全体で共通の目標を持ちにくいため、自発的な行動を評価《ひょうか》される機会《きかい》が少なくなってしまうのです。

目標を全員で共有できないときは、自分勝手に行動しないで、先生やクラス会で提案《ていあん》する

目標を全員で共有することが大切

アイデアを思いついたら、提案《ていあん》してみんなで共有する

そこでおすすめしたいのが、自分で考えた自発的な行動を自分勝手にするのではなく、先生に提案《ていあん》してみるとか、クラス会などで提案《ていあん》するという形に変化させる方法です。

そういう行動を増《ふ》やすだけで、徐々《じょじょ》にクラスに馴染《なじ》むようになります。しかも、提案《ていあん》した内容《ないよう》が受け入れられて成果を上げるようになると面白くなり、ますますクラスのために行動するようになるのです。

このように**自分で考えて行動できる人は、先生に提案《ていあん》するなどの行動でクラスに貢献《こうけん》する**ことをおすすめします。自分で考えて自発的な行動をしながらも、クラスに馴染《なじ》む方法を探《さが》せばいいのです。

先ほども少し言いましたが、**自分を曲げてまで学校やクラス、新しい人間関係に馴染《なじ》もうと頑張《がんば》り過《す》ぎると、心が折れてしまうので危険《きけん》**です。

では、どのような行動が危険《きけん》なのか、具体的に説明します。

これには、世の中にたくさん存在《そんざい》するルールや常識《じょうしき》と呼《よ》ばれる考え方が、大きく影響《えいきょう》しています。

たとえば、家庭では「洗濯物《せんたくもの》は必ず洗面所《せんめんじょ》に置いてあるカゴの中にいれる」など、決まり事がありますよね。学校でも必ず『校則《こうそく》』があるはずです。

私《わたし》たちは、これらのルールに応《おう》じて、自然と自分の行動や役割《やくわり》を変えているのです。

クラスの雰囲気《ふんいき》を守ろうという暗黙《あんもく》のルールもこれと同じで、クラスに馴染《なじ》むために人は行動や役割《やくわり》を変えるわけですが、問題は心の底から納得《なっとく》して変えているかということです。

クラスに馴染《なじ》もうとする気持ちが強すぎるあまり、心の中では納得《なっとく》していないのに、無理やりクラスのルールに従《したが》っていませんか？

これだと自分らしい感覚がなくなり、いずれ心が壊《こわ》れてしまいます。暗黙《あんもく》のルールを異常《いじょう》に気にするあまり、本当の自分とのギャップに支障《ししょう》をきたしているのです。

たとえば友達と遊んでいて、「本当は不快《ふかい》だけど、平気なフリをする」とか「やりたくないけど、しかたなく合わせている」など、心の中では嫌《いや》だと感じているのに、表面的に感情《かんじょう》をごまかしたことはありませんか？

当たり前ですが、我慢《がまん》ばかりしていると人間関係の満足度が大きく下がります。嫌《いや》なことでも言い合えるような友達と付き合わないと、人間関係の満足度が下がるわけです。

そして満足度が下がると、ストレスを抱《かか》えるため、心の病気につながるか、「友達なんかいらない」と人間関係を拒絶《きょぜつ》する考えをもつようになります。

また、「楽しくないのに、楽しんでいるフリをする」とか「嬉《うれ》しくないのに、喜んでいるフリをする」というように、本当は全然楽しくないのに楽しく振舞《ふるま》う場合も、同様に満足度は下がります。ただ、楽しくないのに楽しそうに振舞《ふるま》った方が、嫌《いや》な感情《かんじょう》を隠《かく》すよりはストレスは少なくなります。しかし、『ストレスが少ない』といっても、自分を偽《いつわ》らないで付き合える関係に勝るものはありません。

「人間関係は面倒《めんどう》くさい」という考えになってしまわないためにも、『〜なフリ』をしないで済《す》む関係を選んでいくべきです。

○○なフリは要注意！
嫌《いや》な感情《かんじょう》をごまかしていると…
ストレスから心の病気になる
イヤな事
イヤな事
イヤな事
イヤな事
イヤな事
人間関係の満足度が下がる
人間関係を拒絶《きょぜつ》するようになる
ボクを一人にして

繰《く》り返しになりますが、**人間関係は皆《みな》さんが生きていくうえで、お金や時間と同じくらい重要**です。人間関係を捨《す》てることは、お金や時間を捨《す》てるのと同じなのです。

つまり、ストレスの原因《げんいん》となっている『偽《いつわ》ってしまう自分』を極力減《へ》らすことが、人間関係を捨《す》てずに生きていく重要ポイントになるのです。

もちろん友達全員と本音で付き合えるわけではありません。そこで、長い時間を一緒《いっしょ》に過《す》ごす相手ほど、素《す》の自分でいられる相手であることが望ましくなります。

要するに、**1日何時間も一緒《いっしょ》に過《す》ごす同じクラスに、『親友』を作ることが理想**というわけです。

また、自分の中に暗黙《あんもく》のルールを作り過《す》ぎる人も注意が必要です。「こういう時は、こうしなくてはいけない」、「これは、こうじゃないとおかしい！」など、家庭のルールでも学校の校則《こうそく》でもなく、しかも根拠《こんきょ》があるわけでもないのに、自分で勝手にルールを決めてしまう人のことです。

実は、暗黙《あんもく》のルールが多い人ほど、考えて行動しなくなることがわかっています。

何か問題が起きても、自分のルールに従《したが》った行動パターンがあるため、考える必要がないからです。

たとえば、「理由《りゆう》はわからないが、隣《となり》の席の友達が自分にメチャクチャ怒《おこ》っている。怒《おこ》っているということは、相手に変なことをしたからだ。とりあえず謝《あやま》って許《ゆる》してもらおう」などです。

『怒《おこ》っているから謝《あやま》る』というような『**反射的《はんしゃてき》に思い浮《う》かぶ考え**』は、**マイナスの感情《かんじょう》が多い**ことから、心の病気になってしまうのです。

そのような人は、『審査員《しんさいん》になる』ことで回避《かいひ》してみてください。

どういうことかというと、相手から酷《ひど》いことを言われたら、それを採点《さいてん》して数字にしてしまうのです。

たったこれだけですが、反射的《はんしゃてき》に思い浮《う》かぶマイナスの感情《かんじょう》をかき消すことができます。

たとえば友達から、ちょっとしたことでスゴイ文句《もんく》を言われたとします。そうしたら、相手の言葉に対して、「10点満点中7点くらいムカついた」と、その場でムカつき度を採点《さいてん》するのです。

一瞬《いっしゅん》ですが、採点《さいてん》のための点数を考えることで、「自分は友達を悪い気持ちにさせてしまった」というマイナスの感情《かんじょう》から逃《のが》れることができます。

要するに、**マイナスの感情《かんじょう》が思い浮《う》かぶ前に、採点《さいてん》するという行為《こうい》で気をそらしてしまえばいい**のです。

これは非常《ひじょう》に簡単《かんたん》に使えるテクニックでありながら、かなり効果《こうか》がありますので、皆《みな》さんもぜひ試してみてください。

不思議ですが、気持ちがスッと楽になるはずです。

第5章 まとめ

この章で学びたいこと

- 自分の思うままに行動する生徒が多いクラスほど、クラスの雰囲気《ふんいき》が悪くなる
- 自分を曲げてまで周囲や新しい人間関係に馴染《なじ》もうと頑張《がんば》りすぎると、心が折れてしまう
- 自分だけの暗黙《あんもく》のルールに従《したが》って行動をする人は、心の病になりやすい

人間関係で役立つテクニック

- 自分の個性《こせい》を守りつつ、クラスに馴染《なじ》む方法を身につける
  - →『合唱コンクールで優勝！』など、共有された目標があるときは、その中で個性《こせい》を発揮《はっき》してクラスに貢献《こうけん》
  - →自発的な考えは、先生やクラス会で提案《ていあん》してから行動
- 嫌《いや》な感情《かんじょう》を隠《かく》したり、自分自身を偽《いつわ》ったりしない人間関係を選ぶ
  - →心の中では嫌《いや》だと感じているのに平気なフリをしたり、楽しくないのに楽しいフリをすると、人間関係の満足度が下がる
- 相手から酷《ひど》いことを言われたら、相手の言葉に点数をつけることで、マイナスの感情から逃《に》げる

第6章

悪気《わるぎ》はないのに、なぜか友達を怒《おこ》らせてしまう人へ

この章では、仲良くなった友達と良好な人間関係をきずくためのテクニックについて、いくつかご紹介《しょうかい》します。

人によっては「人間関係って、仲良くなっても気を使うから面倒《めんどう》なんだよ」と、思うかもしれませんが、私《わたし》たちは身近な家族でさえ、知らず知らずのうちに気を使っているのです。


たとえば、学校から帰ってきてお母さんが不機嫌《ふきげん》だったら、「靴《くつ》はそろえて脱《ぬ》ごう」とか「遊びに行く前に宿題をやってしまおう」など、お母さんの機嫌《きげん》がこれ以上悪くならないように地雷《じらい》を避《さ》けた行動をしますよね。

やることはこれと同じです。良好な関係をきずきたい相手の『地雷《じらい》ポイント』を知って、踏《ふ》まないように気をつけるだけです。

「この人にこういう態度《たいど》をとると機嫌《きげん》が悪くなる」ということがわ

かっている相手と、わかっていない相手とでは、わかっている相手の方が、人間関係が上手くいくことが知られているからです。

ただ、ここにも注意点はあります。

地雷《じらい》を踏《ふ》まない行動

もし、お母さんの機嫌《きげん》が悪かったら…
遊ぶ前に宿題を済ませて…
お母さんにアピール
地雷《じらい》を踏《ふ》まないように気を使って行動
大丈夫？

クラスの友達や学校の先生などに対し、「とにかく地雷《じらい》を踏《ふ》まないようにしよう！」とするあまり、「自分の意見を押《お》し殺し、すべて相手の意見に従《したが》う」とか「本当の自分のキャラとは違《ちが》うけど、この人の前ではこのキャラを演《えん》じよう」と、やりすぎてしまうと、心が病んでしまいます。

大切なのは、あくまでも自分のキャラは保《たも》ったまま、相手の地雷《じらい》だけを上手に避《さ》けて通ることです。

それでは、仲良くなりたい相手の『地雷《じらい》ポイントの見つけ方』から説明したいと思います。

ところで皆《みな》さんは、お母さんの地雷《じらい》ポイントをどうやって知りましたか？　おそらく、過去《かこ》に怒《おこ》られた経験《けいけん》から「これをやると怒《おこ》られる」と理解《りかい》したと思います。

同じように初対面の相手にも、その人が過去《かこ》に怒《おこ》った出来事から、地雷《じらい》ポイントを推測《すいそく》します。

具体的には、自己紹介《じこしょうかい》のときに相手の趣味《しゅみ》だけを聞くのではなく、「最近、怒《おこ》ったことはありますか？」とか「これだけは許《ゆる》せないことって何ですか？」と、質問《しつもん》してみるのです。

地雷《じらい》ポイントの見つけ方

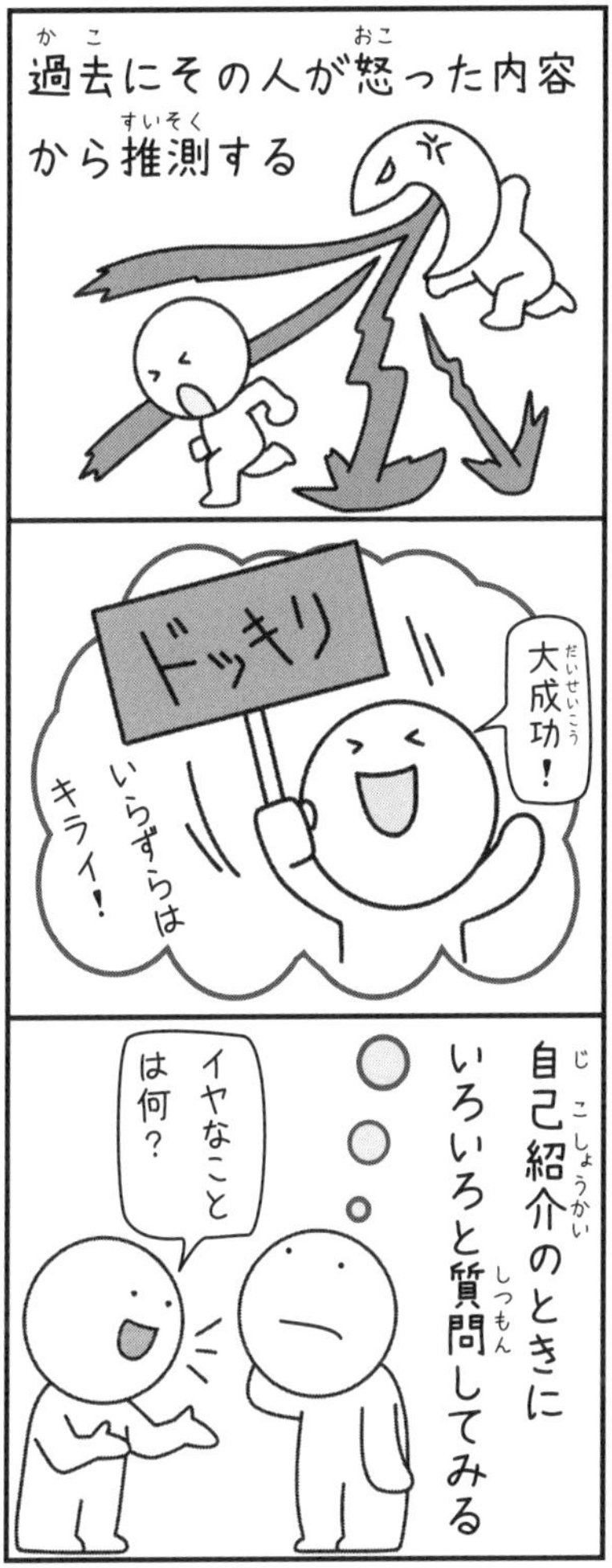
過去《かこ》にその人が怒《おこ》った内容から推測《すいそく》する
ドッキリ
大成功《だいせいこう》！
いたずらはキライ！
自己紹介《じこしょうかい》のときにいろいろと質問《しつもん》してみる
イヤなことは何？

「信頼《しんらい》していた人からウソをつかれたときは、スゴク頭にきた！」と言われたら、「地雷《じらい》ポイントは、ウソをつかれること」と、わかるわけです。

思ったより簡単《かんたん》ですよね。これを知っていれば、ムダに相手を怒《おこ》らせることもないし、大きな人間関係の崩壊《ほうかい》にもつながりません。

仲良くなりたい相手が、『モジモジして会話にならない人が嫌《きら》い』だとしたら、内向的で会話が苦手だったとしても頑張《がんば》って質問《しつもん》を繰《く》り返しながら会話をしてみるとか、『挨拶《あいさつ》ができない人が嫌《きら》い』という相手なら、きちんと目を見て挨拶《あいさつ》するだけでいいのです。

この他にも、『喧嘩《けんか》っぱやい人が嫌《きら》い』、『目立ちたがり屋が嫌《きら》い』、『弱い者イジメをする人が嫌《きら》い』、『批判《ひはん》する人が嫌《きら》い』など、地雷《じらい》ポイントはたくさんありますが、大切なのは**誰《だれ》がどの地雷《じらい》を持ってい**

るのかを知っておくことです。

たとえば、『批判《ひはん》する人が嫌《きら》い』という人の前で、「A君って、とっつきにくいよね！」と言ってしまい、相手が「エッ!?」という表情《ひょうじょう》をしたら、そのまま終わりにしないで、「最初はそう思っていたの。でも、本当は優《やさ》しくて面倒見《めんどうみ》がいいんだよね」と、すぐに逆《ぎゃく》のことを追加してあげれば切り抜《ぬ》けることができます。

日本語の特徴《とくちょう》として、**「しかし」や「でも」、「だけど」といった接続詞《せつぞくし》は、接続前《せつぞくまえ》の文章よりも後ろの文章の方が強調される**ため、うっかり批判《ひはん》してしまったとしても、「でも」の後にほめ言葉を追加することで、最終的にはほめたことに変えられるのです。

このテクニックもいろいろなところで使えるため、覚えておいて損《そん》はないと思います。

『口は災《わざわ》いの元』といいますが、このように人間関係においては、悪気《わるぎ》はないのに言葉で友達のことを怒《おこ》らせてしまうことがときどきあります。これは、地雷《じらい》だけに限《かぎ》らず、自分の気持ちや考えを相手に伝えたいときなどでも同様です。

伝え方を間違《まちが》えてしまうと、知らず知らずのうちに相手を傷《きず》つけてしまうことがあるのです。

ただ一方《いっぽう》で、本人を目の前にすると言いたいことを言えずに、言葉を飲み込《こ》んでしまう人もいます。この場合は、不満がどんどんたまっていくので、そのうち耐《た》え切れずに爆発《ばくはつ》し、二人の関係もそこで終わってしまう可能性《かのうせい》があります。

たとえば、「そろそろ貸《か》していた漫画本《まんがぼん》を返してほしいんだけど……」と、友達に会うたびに心の中で思っていたら、ストレスになりますよね。

しかも「どうして私《わたし》の気持ちがわからないんだろう」と、自己嫌悪《じこけんお》に陥《おちい》ってしまうのです。

本人に返して欲《ほ》しいと直接《ちょくせつ》伝えてもいないのに、気づいてもらえないことに勝手に落ち込《こ》むわけです。

逆《ぎゃく》に、ズバズバ何でも言える人もいます。ただ、「君って、人から借りたものを、いつも返さないよね！」なんて強い口調で言ってしまうと、相手が逆《ぎゃく》ギレして怒《おこ》り出すかもしれません。

このように言いたいことを言えばいいというわけではないのです。そんなことばかりしていると、周囲から自己主張《じこしゅちょう》が強い人と思われて、敬遠《けいえん》されてしまいます。

では、どうしたら相手を怒《おこ》らせたり、傷《きず》つけたりすることなく、自分の気持ちを伝えられるのでしょうか？

これには、絶対《ぜったい》に守ってほしいルールがあります。それは、『言いたいことは、気持ちが落ち着いているときに言う』です。

たとえば、漫画本《まんがぼん》を貸《か》していた人と別のことで言い争いになったとします。

すると、多くの人はイライラして、冷静ではないこのタイミングで、「貸《か》していた漫画本《まんがぼん》、まだ返してもらってないけど、それって泥棒《どろぼう》と同じだよね！」とか言ってしまうのです。

人間って、それまでは遠慮《えんりょ》して言えなかったことも、気持ちが高まっていると、余計《よけい》な一言まで追加して言ってしまう生き物なのです。冷静なときなら絶対《ぜったい》に言わないし、相手も冷静なら受け入れてくれるのに、わざわざ最悪のタイミングで言ってしまうわけです。

言いたいことは、気持ちが落ち着いているときに言う

皆《みな》さんも先生に怒《おこ》られて家に帰り、そのことをお母さんに話したら同じように怒《おこ》られて、余計《よけい》にイライラして逆《ぎゃく》ギレした、なんてことありませんか？

冷静なときとは違《ちが》って、感情《かんじょう》が高まっていると受け止められないものなのです。

もう一度言いますが、**伝えたいことがあるのなら、『相手と自分の気持ちが冷静なタイミング』のときに言う**ようにしてください。そうすれば、最悪な状況《じょうきょう》にはならずに済《す》むでしょう。

このように人間関係では、自分が思っていることを相手が受け止めやすい状況《じょうきょう》で伝えることが大切なのですが、相手が言っていることを受け止める技術《ぎじゅつ》も重要だったりします。

両方ができてはじめて、何でも言い合える関係をきずけるのです。

要するに、**自分の言いたいことばかりを言っていてもダメですし、相手の言い分を拒絶《きょぜつ》してばかりでもダメ**なのです。

お互《たが》いが自分の気持ちを素直《すなお》に言い合えてこそ、ストレスのない人間関係ができるのです。

ただここにも注意点《ちゅういてん》があり、大切なのは『受け止める技術《ぎじゅつ》』であって、『受け入れる技術《ぎじゅつ》』ではないということです。

相手から批判《ひはん》されたとしても、一旦《いったん》はすべてを受け止めてください。ただし例外として、根も葉もない誤解《ごかい》だった場合は、はっきりと否定《ひてい》します。そのあとで、「確《たし》かに、そうだよね」と納得《なっとく》できた部分だけを受け入れるのです。

批判《ひはん》されたら反射的《はんしゃてき》に全否定《ぜんひてい》する人がいますが、それをしてはいけません。

ひとまず相手の言葉を受け止めることで、「話せばわかってくれる人だ」と感じてもらうことが大切です。

しかも**批判《ひはん》を受け止められるようになると、建設的《けんせつてき》な関係になり、そこに信頼《しんらい》関係が生まれてきます。**

つまり、皆《みな》さんにおすすめしたいテクニックは、先ほども出てきましたが、『相手から批判《ひはん》されるようなことを言われたら一旦《いったん》は受け止め、相手の言い分で納得《なっとく》できる部分を探《さが》してみる』になります。

たとえば、学校で隣《となり》の席の友達から、「机《つくえ》の中にあるカビの生えたパン、汚《きたな》いから捨《す》てなよ」と言われたら、さすがにこれは納得《なっとく》できますよね。素直《すなお》に友達の意見を受け入れ、カビだらけのパンをゴミ箱に捨《す》てるだけで、「この人は、言えばわかってくれる人だ」と、信頼《しんらい》関係が生まれます。

ダメなのが、「お前に迷惑《めいわく》かけているわけじゃないんだから関係ないだろ！」と、全否定《ぜんひてい》することです。**批判《ひはん》されると攻撃《こうげき》されたと思い、反射的《はんしゃてき》に全否定《ぜんひてい》してしまう人がいるので注意してください。**

とにかく、「相手が言っていることにも一理《いちり》ある」と、考えることが大切です。すべてにおいて正しい人がいないように、すべてにおいて間違《まちが》っている人もいないのです。

このようなことを書くと「カビの生えたパンを注意されたくらい

で逆《ぎゃく》ギレなんかしないよ」と思うのですが、相手の口調が怒《おこ》っていると感じた場合はどうですか？

多くの人は怒《いか》りが伝染《でんせん》してしまい、何も考えないまま攻撃的《こうげきてき》な口調で言い返してしまうことがあるのではないでしょうか。

しかし一方《いっぽう》で、自分の感情《かんじょう》から気をそらすのが上手な人もいます。怒《おこ》っている人を目の前にしても、自分の怒《いか》りから気をそらすことができるので、怒《いか》りが伝染《でんせん》しないのです。

しかもやり方は簡単で、怒《おこ》っている相手の原因《げんいん》を、自分以外の原因《げんいん》に心の中で変換《へんかん》するだけです。

たとえば、相手が机《つくえ》の中のカビたパンで怒《おこ》っているとしたら、「昨日の夜、たまたまカビたパンを食べてしまい、それでお腹《なか》を壊《こわ》したから、カビたパンに敵意《てきい》を持ってるんだ……かわいそうに」と、**勝手に心の中で怒《いか》りの原因《げんいん》を変えてしまう**のです。

テストで0点をとってママに怒《おこ》られているのび太が、「こんなに機嫌《きげん》が悪いってことは、きっと買い物途中《とちゅう》で転んだに違《ちが》いない」と、怒《いか》りの原因《げんいん》を別のことに変換《へんかん》してやり過《す》ごしているシーンが〝ドラえもん〟に出てきますが、まさにこれです。

こうすると、相手の怒《いか》りを正面から受け止めずに済《す》むため、反射的《はんしゃてき》に全否定《ぜんひてい》することなく、相手の意見に納得《なっとく》できる部分はないか、冷静に考えられるのです。

ただ、**相手があまりにも怒《おこ》っていたら、大人でも冷静に対応《たいおう》する**

冷静になるのを待つしかありません。

たとえば口調がだんだん強くなり、このままだと喧嘩《けんか》になりそうだと思ったら、「この続きは、トイレに行ってからでもいい？」と、相手に伝えてください。理由は何でもいいので、頭を冷やすための時間や距離《きょり》を置くのです。

そして冷静になって心が落ち着いたら、再《ふたた》び話し合ってください。最悪なのは、ここで逃《に》げてしまうことです。はぐらかせばはぐらかすほど、相手の頭の中でストレスが蓄積《ちくせき》し、事態《じたい》を悪化させます。

勘違《かんちが》いしている人が多いのですが、**ストレスを無くす方法は、逃《に》げずに向き合うこと**です。

人間関係のストレスも同じで、逃《に》げたら終わりです。

たとえば、漫画本《まんがぼん》をなかなか返してくれない友達にストレスを感じるからと、バッティングセンターで一時的に発散《はっさん》させても、問題は解決《かいけつ》しませんよね。

ストレスの原因《げんいん》である友達が目の前にいるときにしか、根本的な問題は解決《かいけつ》できないのです。だからこそ皆《みな》さんも、相手としっかり向き合ってください。本書のテーマでもある『人間関係』において最《もっと》も重要なポイントであり、結論《けつろん》でもあるのです。

以上で、すべての章は終わりです。

お金や時間よりも大切な『人間関係』について、本書に書かれている内容《ないよう》を頭に入れ、大切な人たちと向き合い、ステキな『人間関係』をきずき上げていってください。

その先にこそ、皆《みな》さんの幸せがあるのですから——。

第6章 まとめ

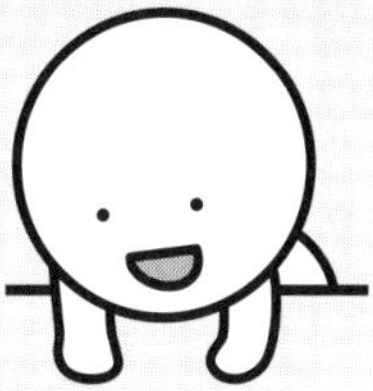

この章で学びたいこと

- ☑ 不機嫌《ふきげん》になる『地雷《じらい》ポイント』がわかっている相手と、わかっていない相手とでは、わかっている相手の方が人間関係は上手くいく
  → ただし、相手に気を使い過《す》ぎると心が病んでしまうので、自分のキャラは変えない
- ☑ 自分の気持ちや考えを伝えるテクニック
- ☑ 相手からの批判《ひはん》は、拒絶《きょぜつ》しないで一旦《いったん》すべて受け止める

人間関係で役立つテクニック

- ☑ 自己紹介《じこしょうかい》のときに、過去《かこ》にどんなことで怒《おこ》ったのかを質問《しつもん》し、相手の地雷《じらい》ポイントを推測《すいそく》する
- ☑ 言いたいことは、お互いが冷静なときに伝える
  → 気持ちが高ぶっていると余計《よけい》な一言を言ってしまうため、時間や距離《きょり》を置いて落ち着くまで待つ
- ☑ 相手の怒りの原因《げんいん》を、自分以外の原因《げんいん》に心の中で変換《へんかん》する
  → 怒りが伝染《でんせん》しなくなる
- ☑ 相手からの批判《ひはん》をすべて受け止めてから、相手の言い分で納得《なっとく》できる部分を探《さが》してみる
  → 反射的《はんしゃてき》に相手を全否定《ぜんひてい》することがなくなる

友達作りに悩んでいる小学生の必読本！

最高の友達を作るための人間関係を学ぶ本

2024年7月17日　第1刷発行

著者　すわべ しんいち

編集人　江川 淳子　諏訪部 伸一
発行人　諏訪部 貴伸
発行所　repicbook（リピックブック）株式会社
〒102-0084　東京都千代田区二番町9-3 THE BASE 麹町
TEL　070-4228-7824
FAX　050-4561-0721
https://repicbook.com
印刷・製本　株式会社シナノパブリッシングプレス

ISBN978-4-908154-48-5